Une histoire de cochon

Léo-James Lévesque

Illustrations : Daniel Dumont

Directrice de collection : Denise Gaouette

Rat de bibliothèque

Données de catalogage avant publication (Canada)

Lévesque, Léo-James

Une histoire de cochon

(Rat de bibliothèque. Série jaune ; 1)
Pour enfants de 6-7 ans.

ISBN 2-7613-1384-4

I. Dumont, Daniel. II. Titre. III. Collection : Rat de bibliothèque (Saint-Laurent, Québec). Série jaune ; 1.

PS8573.E962H57 2002   jC843'.6   C2002-940110-0
PS9573.E962H57 2002
PZ26.3.L48Hi 2002

Dépôt légal : 2ᵉ trimestre 2002
Bibliothèque nationale du Québec
Bibliothèque nationale du Canada

IMPRIMÉ AU CANADA
                                        1234567890 IML 098765432
                                        10523 ABCD   JS16

Gaston Cochon est vraiment sale.

Chaque soir, son papa lui dit :

—Gaston, il faut te laver.

Prends du savon et frotte-toi.

Tu es sale, sale, sale comme un cochon.

—C'est normal, dit Gaston, je suis un cochon !
Je n'aime pas le savon.
Ça me pique. Ça me donne d'horribles
petits boutons sur le menton.
Ça me rend grognon.

Gaston Cochon est vraiment sale.
Un jour, sa grand-maman lui dit :
—Gaston, il faut te laver.
 Prends du savon et frotte-toi.
 Tu es sale, sale, sale comme un cochon.

—C'est normal, dit Gaston, je suis un cochon !
Je n'aime pas le savon.
Ça défrise ma jolie queue en tire-bouchon !
Ça me rend grognon.

Un bon matin, Gaston va à la pêche.
Son veston est tout crotté.
Son pantalon ne sent pas la confiture.
Tous les animaux se bouchent le nez.

Tous les animaux se moquent de Gaston.
—Que tu es sale ! crie le lapin blanc.
—Sale, sale, sale comme un cochon !
   bêle le mouton noir.
—On dirait un tas de fumier ! dit la vache.

—C'est normal, dit Gaston, je suis un cochon !
Je n'aime pas le savon.
Ça me pique. Ça me donne d'horribles
petits boutons sur le menton.
Ça défrise ma jolie queue en tire-bouchon !
Ça me rend grognon.

Soudain arrive Annie Latruie.
—Ce n'est pas gentil
   de se moquer des autres ainsi.
   Partez d'ici !

 10

Annie s'approche de Gaston.
Elle se bouche le nez.
Gaston en est gêné.
Il recule… et tombe dans la rivière.

Annie dit à Gaston :

—Gaston, il faut te laver.
   Tu es sale, sale, sale comme un cochon.
   J'ai un cadeau pour toi.

—Pour bien se laver, il faut utiliser
   du savon et frotter, dit Annie.
Annie lance à Gaston... un savon.
Annie Latruie est si jolie
que Gaston en oublie ses allergies.

Gaston frotte, frotte et frotte encore.
Il frotte si fort que des bulles multicolores
montent très haut dans le ciel.
Quel bel arc-en-ciel !

—Que ça sent bon ! dit Gaston.
—Comme tu es propre et beau ! dit Annie.
Gaston rougit de plaisir.
Annie rougit aussi.

Depuis que Gaston se frotte avec du savon,
il n'a plus la queue en tire-bouchon.
Il est plus mignon et il sent tellement bon.
Annie Latruie est devenue sa meilleure amie.
Quelle belle histoire de cochon !